BEI GRIN MACHT SICH IHR WISSEN BEZAHLT

AF140783

- Wir veröffentlichen Ihre Hausarbeit,
  Bachelor- und Masterarbeit

- Ihr eigenes eBook und Buch -
  weltweit in allen wichtigen Shops

- Verdienen Sie an jedem Verkauf

**Jetzt bei www.GRIN.com hochladen
und kostenlos publizieren**

Bibliografische Information der Deutschen Nationalbibliothek:

Die Deutsche Bibliothek verzeichnet diese Publikation in der Deutschen National-
bibliografie; detaillierte bibliografische Daten sind im Internet über http://dnb.d-
nb.de/ abrufbar.

Impressum:

Copyright © 2016 GRIN Verlag, Open Publishing GmbH
Druck und Bindung: Books on Demand GmbH, Norderstedt Germany
ISBN: 9783668442443

Dieses Buch bei GRIN:

http://www.grin.com/de/e-book/364734/das-obere-zuspiel-frontal-im-volleyball-
und-einige-uebungsformen

Barbara Lohmann

Das obere Zuspiel frontal im Volleyball und einige Übungsformen

GRIN Verlag

GRIN - Your knowledge has value

Der GRIN Verlag publiziert seit 1998 wissenschaftliche Arbeiten von Studenten, Hochschullehrern und anderen Akademikern als eBook und gedrucktes Buch. Die Verlagswebsite www.grin.com ist die ideale Plattform zur Veröffentlichung von Hausarbeiten, Abschlussarbeiten, wissenschaftlichen Aufsätzen, Dissertationen und Fachbüchern.

Besuchen Sie uns im Internet:

http://www.grin.com/

http://www.facebook.com/grincom

http://www.twitter.com/grin_com

Das obere Zuspiel frontal im Volleyball und einige Übungsformen

Veranstaltung:
Didaktik und Methodik Volleyball – Vertiefung
Institut für Sport- und Bewegungswissenschaften
Barbara Lohmann

Inhaltsverzeichnis

1 Technikbeschreibung: Oberes Zuspiel im Volleyball

Das Pritschen von Bällen, oder auch obere Zuspiel genannt, wird als erste Technik im Volleyball eingeführt, da es als die sicherere Technik wahrgenommen wird und schneller zu einem Spielfluss führt (vgl. *Pritschen lernen und üben - ergänzende Hinweise und Übungen*). Das Pritschen eignet sich insbesondere, um Bälle im oberen Körperbereich zielgerichtet zuspielen zu können. Im modernen Volleyball kommt dem Pritschen eine wichtige Rolle zu, da der Zuspieler für die meisten Spielaktionen das Pritschen nutzt.

1.1 Bewegungsbeschreibung

Die Arm- und Handhaltung ist beim Pritschen charakteristisch für die Technik (vgl. Meusel):

Hände:

- Die Hände sind rund geformt, sodass alle zehn Finger den Ball berühren

Finger:

- Die Finger sind gespreizt, elastisch, gespannt und bilden einen Korb
- Zeigefinger und Daumen bilden ein Dreieck
- Der linke Daumen zeigt zum rechten Auge, und umgekehrt
- Der Ball berührt die ersten beiden Fingerglieder
- Die Handgelenke sind locker und die Hände können leicht nach hinten klappen

Arme:

- Die Arme sind leicht gebeugt und gehoben, sodass die Hände etwa 20cm Abstand zum Gesicht haben

- Der Spieler kann den Ball durch die erhobenen Hände beobachten
- Die Ellbogen sind gewinkelt, deutlich tiefer als die Hände und befinden sich etwa auf Schulterbreite

Bei einer korrekten Hand- und Armhaltung können **zwei Dreiecke** beobachtet werden. Das erste kleine Dreieck bilden **Daumen und Zeigefinger**. Das zweite größere Dreieck erkennt man zwischen **Ellenbogen und Händen**.

Das Pritschen kann in eine Vorbereitungs-, Ausführungs- und Endphase unterteilt werden (vgl. "Sachanalyse Pritschen frontal"). In der Vorbereitungsphase bewegt sich der Spieler zum Ball und signalisiert die **Spielbereitschaft**, indem er den Ball beobachtet und die Arme in der beschriebenen Art und Weise anhebt (ebd.).

Der Spieler hat **einen sicheren Stand in Grätschstellung** mit leicht gebeugten Knien (Papageorgiou & Czimek, 2007). Kurz vor Ballberührung werden die Knie deutlich stärker gebeugt.

Die Ausführung erfolgt durch eine **Streckung des ganzen Körpers** (ebd.). Beide Schultern zeigen in Spielrichtung und die Hauptlast beim Abspiel liegt auf dem vorderen Fuß. Bein- und Armstreckung erfolgen fließend und fast gleichzeitig. Die **Körbchenhaltung** der Hände wird zunächst beibehalten und die Hände knicken leicht ab (vgl. Meusel). Alle zehn Finger berühren den Ball idealerweise mit den ersten beiden Gliedern. Dann wird der Ball mit einer kurzen, weichen

	Berührung über und vor der Stirn gespielt.
	In der Endphase klappen die Hände leicht und natürlich nach und folgen dem abgespielten Ball. Danach macht sich der Spieler aus der Ganzkörperstreckung sofort wieder spielbereit (vgl. Meusel).

1.2 Biomechanische Analyse

Beim Pritschen stehen die biomechanischen Merkmale der Geschwindigkeit, Beschleunigung und Kraft im Vordergrund. Die Geschwindigkeit spielt bei Erreichen des Abspielorts eine besondere Rolle. Sind die Laufwege nur kurz, reichen seitliche Nachstellschritte oder ein Einspringen in die Ausgangsstellung aus. Bei weiteren Entfernungen muss die Geschwindigkeit aus dem Lauf abgefangen werden. Dafür wird das ballnahe Bein herausgestellt, um ein stabiles Gleichgewicht zu erreichen (vgl. "Sachanalyse Pritschen frontal").

Beim oberen Zuspiel frontal erfolgt zudem durch die Ganzkörperstreckung ein Anheben des tiefer-liegenden Körperschwerpunkts. Durch das in die Knie gehen wird ein optimaler Beschleunigungsweg und maximale Anfangskraft ermöglicht (ebd.). Die Ballgeschwindigkeit wird die Finger abgebremst. Dabei werden die Finger und Hände durch die Kraft von Ballgeschwindigkeit und -masse nach hinten gedrückt, sodass hier ein neuer Winkel entsteht und es zu einem erhöhten Spannungszustand kommt. Durch eine koordiniert verlaufende Bewegung und Krafteinsatz gegen die Stützfläche erfolgt eine Bewegung in eine neue Richtung (ebd.). Alle Teilimpulse müssen koordiniert werden. Beim Abspielen wird das Körpergewicht auf die Fußballen verlagert. Bei einem besonders hohen und langen Zuspiel werden der Beschleunigungsweg und die Kraftentwicklung erhöht, indem der Körperschwerpunkt noch tiefer abgesenkt wird. Beim Pritschen erfolgen zudem das Prinzip der Kinetion für die Bewegung aus Bein- und Rumpfmuskulatur, sowie das Prinzip der Modulation zur Feinsteuerung der Hände.

1.3 Häufige Fehler und Korrekturmaßnahmen

Einer der häufigsten Fehler ist, dass der Spieler den Ball durch eine Wurfbewegung und nicht durch eine Schubbewegung spielt. Dadurch die Bewegungsrichtung des Balls stark beeinflusst und es liegt kein zielgerichtetes Zuspiel mehr vor (vgl. "Sachanalyse Pritschen frontal"). Zur Korrektur ist der Fokus bei der Vermittlung auf die Beinarbeit und die Ganzkörperstreckung zu setzen. Dies kann beispielsweise weise ohne Ball kurz wiederholt werden, sodass sich die richtige Bewegung einschleift. Ähnliches gilt für Spieler, die sich nach hinten vom Ball abdrücken (ebd.). Auch hier muss die Ganzkörperstreckung und der sichere Stand stärker beachtet werden. In einer Partnerübung kann ein Spieler den Ball festhalten oder in das Körbchen drücken und der andere muss diesen nach vorne oben wegdrücken. Außerdem können wiederholt Kontrollpässe mit Vorwärtsbewegung gespielt werden. Die Ganzkörperstreckung kann auch verbessert werden, indem man schwerere Bälle in Pritschhaltung fängt und wirft.

Wenn der Spiel beim Zuspiel keinen sicheren Stand hat, kann man sowohl einen die Reaktionsschnelligkeit als auch das Gleichgewicht des Spielers trainieren. Häufig verursacht der unsichere Stand auch ein ungenaues Treffen des Balls. Dann wird der nicht mehr mittig, sondern seitlich gespielt, sodass das Zuspiel ebenfalls ungenau wird. Hier sollte zusätzlich darauf geachtet werden, dass der Ball durch das kleine Dreieck in der Vorbereitungsphase anvisiert wird. Teilweise wird der Ball auch ungenau getroffen, weil die Fingerstellung und Körbchenhaltung inkorrekt ist. Hier kann es auch hilfreich sein schwerere Bälle in Pritschhaltung zu fangen und zu werfen. Außerdem sind Kontrollpässe mit Fokus auf die Fingerstellung hilfreich.

1.4 Beispielhafter Beurteilungsbogen

Pritschen nach vorne (Technikknotenpunkte)	- -	-	0	+	+ +
Vorbereitungsphase					
Erreichen einer **Spielposition**, die ein "Spielen des Balles vor-über der Stirn" ermöglicht					
Sicherer Stand mit leichter Grätschstellung					
Der Körper wird mit dem anfliegenden Ball gebeugt					
Körbchenhaltung					
Ausführungsphase					
Spielen des Balles vor-über der Stirn					
Ganzkörperstreckung nach vorn-oben in Spielrichtung					
Alle zehn Finger berühren den Ball					
Endphase					
Hände klappen leicht nach					
Spielbereitschaft signalisieren					
Sonstiges					
Ball wird leise gespielt					
Ball dreht sich fast nicht					
Passgenauigkeit					

2 Übungsformen

2.1 Spielerische Vorbereitungsübungen

- Ziel: Finger- und Handstellung erproben
- Material: Volleybälle
- Ablauf:
  o Die Handhaltung wird durch Auflegen auf den Ball ausprobiert.
  o Der Ball wird über die Stirn angehoben und die Pritschgrundstellung eingenommen.
- Variation:
  o Den Ball in Pritschhaltung mit einer Ganzkörperstreckung gegen die Wand drücken.
  o Schiebewettkampf: A und B stehen sich gegenüber und drücken den Ball in Pritschhaltung gegeneinander. Beide versuchen sich gegenseitig wegzudrücken.
  o A hält den Ball mit Ganzkörperstreckung in Pritschhaltung. B steht auf einer Bank und drückt von oben gegen den Widerstand.

2.2 Pritschen über ein hohes Hindernis

- Ziel: Ganzkörperstreckung erreichen, Ball kontrolliert spielen.
- Material: Volleybälle, Zauberschnur/ Baustellenband
- Ablauf:
  - A pritscht den Ball hoch über eine Zauberschnur/Baustellenband, läuft unter dem Band hindurch und versucht den Ball frontal zu fangen bevor dieser zweimal den Boden berührt.
  - A pritscht den Ball nach Eigenanspiel zu B über das Band und läuft wieder zurück.
  - B führt dieselbe Übung durch.

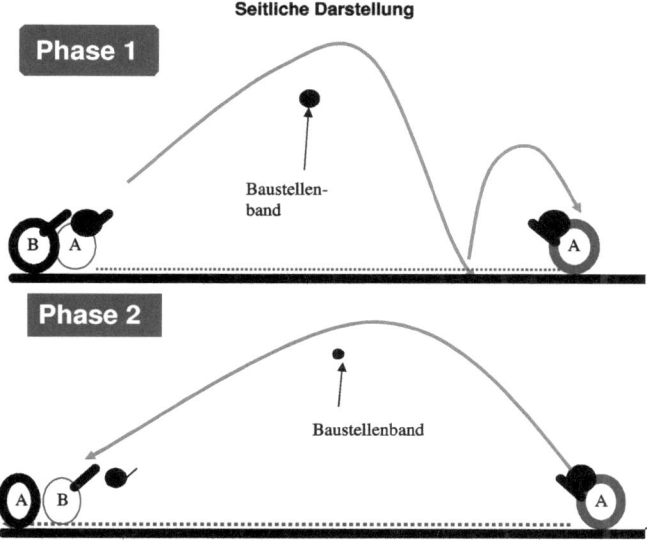

Seitliche Darstellung

Phase 1

Baustellen-
band

Phase 2

Baustellenband

[1] Quelle: TU Dortmund http://www.projekte.sport.tu-dortmund.de/wwv/upload/1364910888_Pritschen%20Hinweise%20und%20ubungen.pdf

- Variation:
  - Der Abstand zum Band kann variiert werden.
  - Die Bandhöhe kann variiert werden.
  - A wird von B angespielt und führt dann die Übung aus.

2.3 Paarweise Pritschen mit Zusatzaufgabe

- Ziel: zielgenaues Pritschen unter Druck nach intensive (Lauf-)Bewegung; Verbesserung der Koordination.
- Material: Volleybälle, bunte Hütchen/ Pilonen
- Ablauf:
  - A steht zwischen vier Hütchen mit unterschiedlichen Farben.
  - B spielt einen Kontrollpass, in der Zeit berührt A ein Hütchen nach Wahl und ruft laut die Farbe.
  - B pritscht zu A.
  - A pritscht zu B.

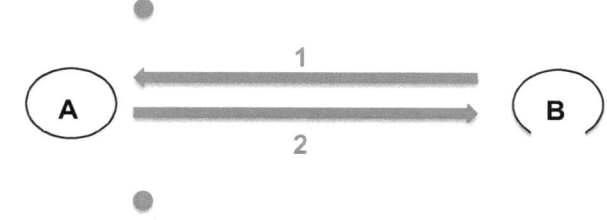

2

- Variation:
  - B gibt die Farbe vor, die A berühren muss.
  - Die Hütchen werden weiter auseinander gestellt.
  - Andere Aufgaben: z.B. A muss sich einmal drehen und dann Pritschen; A läuft zur Wand und zurück, etc.

---

[2] eigene Darstellung

2.4 Unterschiedliche Ziele treffen

- Ziel: Ein unterschiedlicher Krafteinsatz beim Pritschen wird erprobt und die Zielgenauigkeit verbessert.
- Material: Volleybälle, Volleyballnetz, Matten
- Ablauf:
    - A pritscht den Ball nach einem Kontrollpass über ein hochgespanntes Netz und versucht auf der anderen Seite eine von drei Matten zu treffen. Danach holt A sich den Ball wieder und stellt sich wieder hinten an.

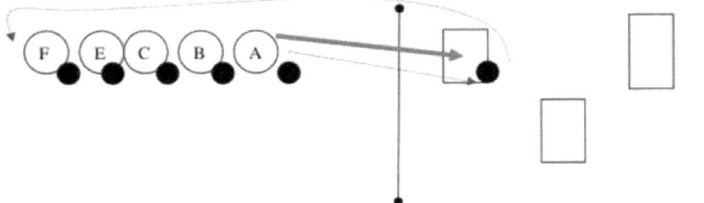

3

- Variation:
    - Die Ziele können in ihrer Größe variiert werden, z.B. kleine Kästen oder Reifen.
    - Zwei Gruppen spielen gegeneinander und sammeln für jedes getroffene Ziel einen Punkt.

---

[3] Quelle: TU Dortmund http://www.projekte.sport.tu-dortmund.de/wvv/upload/1364910888_Pritschen%20Hinweise%20und%20ubungen.pdf

2.5 Königsturnier

- Ziel: Wettkampfgedanke und Spielfähigkeit in Zweiergruppen fördern; unterschiedlicher Krafteinsatz für verschiedene Pässe; Aktionen gemeinsam mit dem Mitspieler durchführen
- Material: Volleybälle, Volleyballnetz
- Ablauf:
  - Auf einem verkleinerten Feld (4,5x4,5m) befinden sich jeweils zwei Spieler, die ein Team bilden.
  - Der Ball wird angeworfen und direkt im Pritschen gespielt.
  - Jedes Team soll versuchen drei Ballkontakte herzustellen bevor auf die andere Seite gespielt wird, um einen Punkt zu erzielen.
  - Ein Punkt wird erzielt sobald der Ball im gegnerischen Feld den Boden berührt.
  - Es wird jeweils 5 Minuten gespielt.
  - Das Team mit den meisten Punkten steigt ein Feld in Richtung „Kaiser" auf, das andere Team steigt in Richtung „Bauer" ab.

Gewinner

Verlierer

---

[4] eigene Darstellung

- Variation:
    - o Anzahl der Spieler pro Team variieren
    - o Spielfeldgröße variieren

3 Literaturverzeichnis

Bachmann, E. (2005). *1005 Spiel- und Übungsformen im Volleyball und Beachvolleyball.* Schorndorf: Hofmann.

Kröger, C. (2010). *Volleyball.* Schorndorf: Hofmann.

Meusel, A. *Pritschen lernen. Volleyball-training.de.* Aufgerufen am 22. August 2016, URL: http://www.volleyball-training.de/uebungen_pritschen.htm

Papageorgiou, A. & Czimek, V. (2007). *Volleyball spielerisch lernen.* Aachen [u.a.]: Meyer & Meyer.

Papageorgiou, A. & Spitzley, W. (2007). *Handbuch für Volleyball.* Aachen: Meyer & Meyer.

Pritschen lernen und üben - ergänzende Hinweise und Übungen. TU Dortmund. URL: http://www.projekte.sport.tu-dortmund.de/wvv/upload/1364910888_Pritschen%20Hinweise%20und%20ubungen.pdf

Sachanalyse Pritschen frontal. Home.arcor.de. Aufgerufen am 22. August 2016, URL: http://home.arcor.de/volleyball_pritschen/haupt.htm